인물로 보는 세계 역사

LIVE 세계사

7 일본

천재교육

글 **박소영**

어린이책 편집자로 일하며 다양한 글을 쓰고 여러 콘텐츠를 기획했습니다.
지은 책으로는 스마일 경제 동화 시리즈가 있고, 번역한 책으로는
《내 친구 호르헤》, 《롤렉: 성 요한 바오로 2세》 등이 있습니다.

만화 **윤남선**

어린이들을 위한 학습 만화를 그리는 만화가입니다.
《9급 저승사자 낭낭》, 《Why? 놀이 기구》, 《Why? 영화》, LIVE 한국사 시리즈,
LIVE 과학 시리즈 등 다수의 책을 작업했습니다.

학습·감수 **김현숙**

고려대학교 역사 교육과를 졸업하고 현재 덕수중학교에서 근무하고 있습니다.
현장에서 역사를 가르치는 선생님의 학습 모임인 「역사사랑」에서 활동하고 있습니다.
함께 지은 책으로 《생각하는 세계사》 서양 고대 편과 서양 중세 편이 있습니다.

LIVE 세계사 ⑦ 일본

발행 | 2022년 11월 25일 초판 **인쇄** | 2022년 11월 18일 1쇄
발행처 | (주)천재교육
글 | 박소영 **만화** | 윤남선 **삽화** | 김석 **학습·감수** | 김현숙
편집 | 천재교육 만화사업팀 **북디자인** | Design Plus
사진 제공 | 셔터스톡, 위키피디아
신고번호 | 제2001-000018호(1980.5.28)
팩스 | 02-3282-1717
고객만족센터 | 1577-0902
주소 | 08513 서울특별시 금천구 가산로9길 54
홈페이지 | www.chunjae.co.kr

ISBN 979-11-259-7041-5 74900
ISBN 979-11-259-7034-7 74900 (세트)

LIVE 세계사

LIVE 세계사

7 일본

일본의 역사 인물과 함께 역사 여행을 떠나요!

일본은 4세기 무렵, 야마토 정권이 들어서면서 통일 국가를 이뤘어요. 그리고 7세기 초, 쇼토쿠 태자가 중국과 우리나라 삼국의 문화를 받아들여 불교를 발전시키는 등 아스카 문화를 꽃피웠어요.

그 후 일본은 수도를 나라와 헤이안쿄(교토)로 옮기며 발전하다가 오다 노부나가, 도요토미 히데요시, 도쿠가와 이에야스 등의 무사 세력이 권력을 잡으면서 막부 시대를 지속했어요. 19세기에 이르러서는 메이지 덴노의 개혁 정책과 해외 교류를 통해 아시아에서 제일 먼저 근대화에 성공했지요. 청일 전쟁과 러일 전쟁에 승리한 뒤 이토 히로부미가 앞장서서 우리나라의 국권을 빼앗았고요. 여기에 그치지 않고 제2차 세계 대전에 뛰어들었으나 결국 패해 전범국이 되었고, 미국의 도움과 6.25 전쟁에서의 반사 이익으로 경제를 회복했어요. 이 무렵, 마쓰시타 고노스케를 비롯한 기업인들이 일본을 경제 강국으로 이끄는 데 큰 역할을 했지요.

일본은 우리나라 사람들의 인기 여행지 가운데 하나예요. 인천 국제 공항에서 비행기를 타고 두 시간 정도면 도착할 만큼 가까워요. 두 나라가 사용하는 표준 시간이 같아서 시차를 겪지 않아도 되고요. 하지만 이렇듯 가까운 일본을 바라보는 한국인들의 마음은 조금 복잡해요. 일본이 우리나라를 침략했던 과거사로 인해 마냥 좋아할 수 없는 거예요.

이 책을 읽으면서 여러분이라면 가깝고도 먼 나라 일본과 앞으로 어떤 관계를 맺으며 지내면 좋을지, 생각해 보는 시간이 되었으면 해요. 분명히 현명한 방법을 찾을 수 있을 거예요. 자, 그럼 일본의 역사와 인물들을 살피러 떠나 볼까요?

김현숙
서울 청운중학교 교사

《LIVE 세계사》는 세계 여러 나라의 역사를 중요 인물과 사건을 통해 살펴보고, 이와 관련된 주변 나라의 역사와 나아가 세계 역사 흐름을 살펴보려는 책입니다. 인물과 사건, 그리고 유적과 유물을 통해 세계는 연결되어 있고, 과거와 현재가 이어지고 있음을 알 수 있습니다.

왕홍식
서울 보성중학교 교사

나비 효과! 연약한 나비의 날갯짓 하나가 지구 반대편에 있는 나라에 큰 태풍을 만들어 낼 수 있다는 뜻이에요. 지구촌에 사는 우리 모두가 밀접하게 서로 영향을 주고받는다는 것을 보여 주는 말이지요. 《LIVE 세계사》는 세계인과 친구가 되고 함께 살아갈 여러분에게, 흥미 있는 세계사를 보여 줄 것입니다.

김태규
서울 장충고등학교 교사

여러분이 친구들과 많은 것을 함께 나누는 것처럼 세계 여러 나라 사람들도 이웃 나라, 심지어 지구 반대편 먼 나라 사람들과 만나 많은 것을 주고받았어요. 그 결과물이 세계사이지요. 《LIVE 세계사》는 곳곳에 우리나라 이야기도 들어 있어 편하게 만날 수 있을 거예요.

이강무
서울 인창중학교 교사

《LIVE 세계사》는 세계 여러 나라의 역사를 중요 인물과 사건을 통해 살펴보고, 이와 관련된 주변 나라의 역사와 나아가 세계 역사 흐름을 살펴보려는 책입니다. 인물과 사건, 그리고 유적과 유물을 통해 세계는 연결되어 있고, 과거와 현재가 이어지고 있음을 알 수 있습니다.

황은희
서울 창림초등학교 교사

이 책의 특징

1 여행 지도

해당 나라의 지도와 함께 수도, 언어, 기후, 국기 등 기본 정보를 알아봅니다.

2 만화와 정보 박스

세계 역사 속 주요 인물을 재밌는 스토리와 함께 만화로 만나 봅니다. 정보 박스를 통해 놓치기 쉬운 학습 정보를 보충합니다.

3 세계사 들여다보기 세계사 넓게 보기 세계사 깊게 보기

해당 나라에 관련된 정보를 읽고, 그 시기에 주변 나라와 우리나라는 어떤 일이 있었는지 살펴봅니다.

쇼토쿠 태자 (574년~622년)

쇼토쿠 태자는 일본 사람들이 유독 좋아하는 역사 인물이에요. 일본에 불교를 도입하고 관리의 등급에 따라 관복을 구분하고, 법을 만들어 아스카 시대의 일본을 중앙 집권 국가로 발전시켰다고 전해져요. 그런데 쇼토쿠 태자는 덴노(천황)는 아니었어요. 고모였던 스이코 덴노를 도와 나랏일을 했던 거랍니다. 그 무렵, 신하들은 불교를 찬성하는 쪽과 반대하는 쪽으로 나뉘어 큰 싸움을 벌였어요. 쇼토쿠 태자는 불교를 받아들이자는 쪽이었어요. 나랏일을 하게 되면서 호류지를 비롯한 여러 절을 짓고, 나라의 문화가 활발하게 발전하도록 이끌었어요.

4

놀이 퀴즈

미로 찾기, 가로세로
낱말 퀴즈, 사다리 타기 등
재밌는 퍼즐을 이용해
학습한 내용을
확인해 봅니다.

5

문제 퀴즈

세계사와 관련된 다양한
유형의 문제를 풀면서
학습한 내용을 점검하고
교과를 비롯한 여러 가지
시험에 대비합니다.

6 End

연표

인물과 사건을 중심으로
역사의 흐름을 이해하고
같은 시기에 우리나라와
다른 나라에서 일어난
사건과 비교해 봅니다.

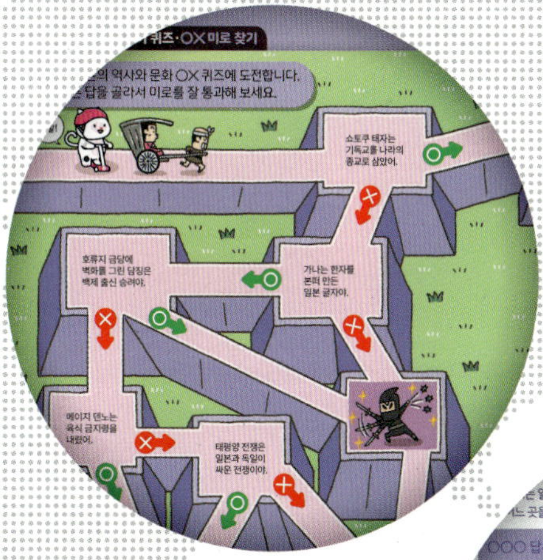

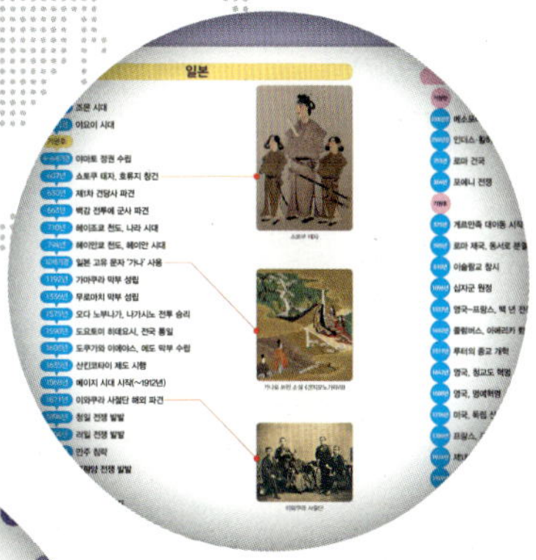

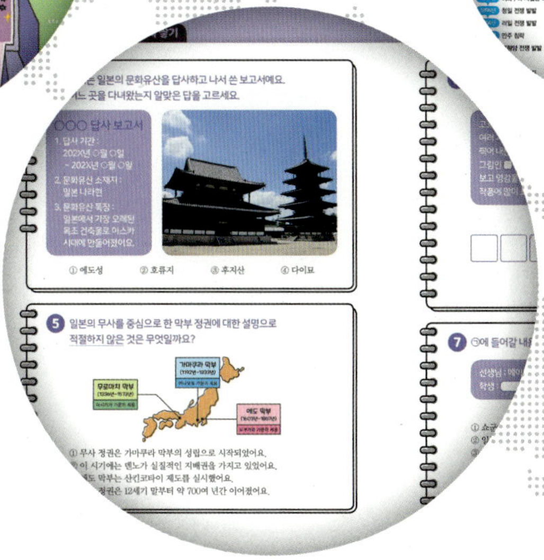

일본

수도

일본의 수도 도쿄는 간토 지방의 도쿄만에 접해 있는 도시예요.
일본의 정치, 문화, 경제, 공업, 교통의 중심지예요.

언어

일본 민족이 쓰는 일본어가 공용어예요.
글자는 가나(히라가나, 가타카나)와 한자를 써요.

지리

아시아 동쪽 끝에 있는 섬나라로,
네 개의 큰 섬과 수많은 부속 섬으로 이루어져 있어요.
면적은 한반도의 약 1.7배예요.

기후

일본은 바다에 둘러싸인 섬나라라 해양성 기후가 나타나요.
여름에는 고온다습하고 겨울에는 많은 눈이 내리지요. 또 남북으로 기다란 지형이라
북쪽은 냉대 기후, 남쪽에는 열대 기후도 나타나요.

화폐

일본은 '엔'이라는 화폐 단위를 사용해요.

종교

고유의 민족 종교인 '신도'뿐만 아니라 불교, 기독교 등 다양한 종교를 믿어요.

산업

중화학 공업의 비율이 높으며, 자동차 산업, 기계 산업, 에너지 산업 등이 발달했어요.
1인당 물고기 소비량이 세계에서 제일 높은 만큼 원양 어업 등으로
세계 제2위의 어획량을 올리고 있어요.

세계 유산

일본은 섬나라의 특성상 독특한 문화가 많이 발달했어요.
'호류지', '히메지성'을 비롯한 문화유산과 '야쿠시마', '시레토코' 등
다섯 건의 자연 유산이 유네스코 세계 유산에 등재되어 있어요.

국기

신성함과 깨끗함을 상징하는 흰색 바탕에
가운데에는 태양을 상징하는
붉은 원이 있어요. '일장기' 또는
'히노마루'라고 불려요.

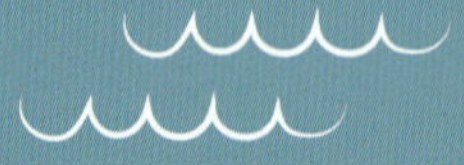

동해
홋카이도
혼슈
도쿄
후지산
교토
오사카
히로시마
시코쿠
나가사키
규슈
태평양

등장인물

모모

이상한 나라의 도서관 사서.
논리적이지만 가끔
무모할 때가 있어요.

솔이

이상한 나라의 음악가.
악기를 잘 다루고
감수성이 섬세해요.

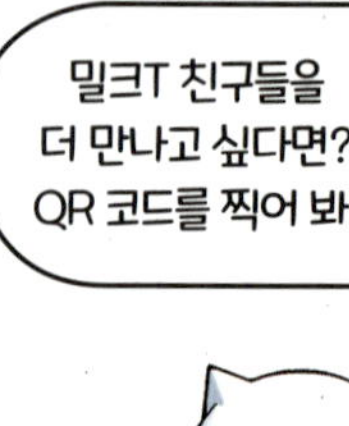

냥이

차분하지만
똘똘하고 야무져요.
친구를 무척 아껴요.

하트 공주

이상한 나라
하트 여왕의 외동딸.
자기만의 왕국을
세우려고 해요.

가로

하트 공주의 부하.
충성심으로 가득하지만
엉뚱한 행동으로 일을
그르치기도 해요.

세로

하트 공주의 부하.
공주의 말이라면 무조건
따르며, 눈치가 빨라
행동도 빨라요.

쇼토쿠 태자

불교와 외국 문물을 받아들여
일본 고대 문명의 기틀을
마련하는 한편, 왕권을 강화했어요.
호류지를 건립했어요.

도쿠가와 이에야스

도요토미 히데요시
다음으로 전국을 제패하여,
도쿄를 중심으로 에도 막부
시대를 열었어요.

메이지 덴노

일본의 제122대 천황.
메이지 유신을 통해
일본을 근대 사회로
발전시켰어요.

이토 히로부미

일본의 초대 내각 총리로,
일본 정치를 이끌며
주변 나라를 식민지로
만드는 데 앞장섰어요.

마쓰시타 고노스케

일본에서 '경영의 신'으로
존경받는 대표 기업인으로,
일본이 경제 대국 반열에
오르는 데 공헌했어요.

차례

이상한 나라 안내서
여기는 이상한 나라.
세상의 지식과 상상이 모여 만들어진 마법의 나라예요.
하트성
레스토랑
도서관
정원
음악관
인간, 동물, 요정, 마법사, 책 속의 인물 등 다양한 이들이 살고 있지요.

이상한 나라에서 가장 중요한 곳은 도서관이에요. 인간 세계와의 균형을 보여 주는 절대시계가 있거든요. 인간 세계가 흔들리면 여기도 무사하지 못해요.
도서관에 인간 세계로 넘어가는 시간의 문이 있다는 건 안 비밀!
껄
껄
이상한 나라는 항상 평화로워요.
가끔 하트성에 사는 공주가 말썽을 일으킬 때 빼고는요.
엄마, 미워!
너 사춘기니?
오늘은 어떤 하루가 시작될까요?
덜
덜
덜

전쟁에 꽂힌 하트 공주

***통째** 나누지 아니한 덩어리 전부.
***비상사태** 큰일이 벌어진 위급한 상황.

***작정** 일을 어떻게 하기로 결정함.
***볼일** 대변이나 소변을 에둘러 표현한 말.

18

*지체 시간을 늦추거나 질질 끎.
*흠집 흠이 생긴 자리나 흔적.

***침착** 쉽게 흥분하지 않고 행동이 조심스럽고 차분함.
***고장** 기계나 장치 등이 제대로 작동하지 않음.

불교문화를 꽃피운 쇼토쿠 태자

*소소하다 평범하고 대수롭지 않음.
*어엿하다 태도가 아주 번듯하고 당당함.

*열도 길게 줄을 지은 모양으로 늘어서 있는 여러 개의 섬.
*열악하다 품질이나 시설 따위가 매우 떨어지고 나쁨.

***지진 해일** 지진 때문에 바다 밑에서 지각 변동이 일어나 바닷물이 육지로 넘쳐 들어오는 현상.
***환태평양 지진대** '불의 고리'라 불리는 태평양 주변 대륙과 해양의 경계 부근에 있는 지진대.

***굽어살피다** 불쌍한 사람을 도와주기 위해 사정을 살핌.
***숭배** 우러러 받들고 공경하는 일.

***신사** 일본 왕실의 조상이나 공로가 큰 사람, 민간 신앙의 신을 모시는 사당.

***참배** 절하여 예를 표함.

***고즈넉하다** 고요하고 아늑함.
***강화** 세력이나 힘을 더 강하고 튼튼하게 함.

***설정** 새로 만들어 정해 둠.
***뜯어말리다** 마주 붙어 싸우는 것을 떼어서 못 하게 말림.

이 시대에
이렇게 아름다운
절이 있다고?
호류지래요, 공주님.
7세기 초에 지어진, 현재
세계에서 제일 오래된
목조 건축물이래요.
좀 더 가면
고구려의 담징이란
승려가 그린
금당 벽화도
있대요!
탁 탁 탁 !

***장인** 심혈을 기울여 창작 활동을 하는 예술가.
***문명** 사람의 물질적, 기술적, 사회적 생활이 발전한 상태.

*안목 어떤 사물의 가치를 판단하거나 구별할 수 있는 능력.
*등재 일정한 사항이 장부 등에 올려짐.

30

***원시** 처음 시작된 그대로 있어 발달하지 아니한 상태.
***티** 어떤 태도나 기색.

***재해석** 옛것을 새로운 관점에서 다시 판단하고 이해함.
***아스카 문화** 7세기 전반, 아스카 지역에서 발달한 일본 최초의 불교문화.

***목수** 나무로 집을 짓거나 가구 등의 물건을 만드는 사람.
***장본인** 어떤 일을 일으킨 바로 그 사람.

쇼토쿠 태자 (574년~622년)

쇼토쿠 태자는 일본 사람들이 유독 좋아하는 역사 인물이에요. 일본에 불교를 도입하고 관리의 등급에 따라 관복을 구분하고, 법을 만들어 아스카 시대의 일본을 중앙 집권 국가로 발전시켰다고 전해져요. 그런데 쇼토쿠 태자는 덴노(천황)는 아니었어요. 고모였던 스이코 덴노를 도와 나랏일을 했던 거랍니다. 그 무렵, 신하들은 불교를 찬성하는 쪽과 반대하는 쪽으로 나뉘어 큰 싸움을 벌였어요. 쇼토쿠 태자는 불교를 받아들이자는 쪽이었어요. 나랏일을 하게 되면서 호류지를 비롯한 여러 절을 짓고, 나라의 정치와 문화가 활발하게 발전하도록 이끌었어요.

*가이드북 여행이나 관광 안내를 위한 책.
*방금 말하고 있는 시점보다 바로 조금 전에.

*대등 서로 견주어 높고 낮음이나 낮고 못함이 없이 비슷함.
*아마테라스 오미카미 일본 신화의 '해의 여신'. 일본 황실의 조상신.

*당장 일이 일어난 바로 그 자리.
*적당하다 정도에 알맞음.

*헤이안 시대 8세기 후반부터 12세기 막부 시대 전까지, 교토를 중심으로 한 일본 역사 시대.
*충격 물체에 급격히 가하여지는 힘.

***히라가나** 한자의 초서체를 본떠 만든 일본 문자로, 46자로 이루어져 있음.
***가나 문자** 일본어를 적는 데 쓰이는 문자.

38

*유행 무엇이 인기를 얻어 사회 전체에 널리 퍼짐.
*쇠퇴기 강하게 일어났던 현상이나 세력, 기운 등이 약해지는 시기.

*어순 문장 성분의 배열에 나타나는 일정한 순서.
*가타카나 일본 문자의 하나. 주로 외래어를 표기할 때 많이 사용함.

*천하다 사회적 위치, 인식 등이 낮음.
*긁어 부스럼 아무렇지도 않은 일을 공연히 건드려서 걱정을 일으킨 경우를 이르는 말.

*귀천 신분이나 일 따위의 귀함과 천함.
*야무지다 성질이나 행동이 빈틈없고 굳셈.

*당나라풍 당나라 느낌이 나는 양식.
*정서 기쁨, 슬픔, 사랑, 미움 등 사람의 마음에 일어나는 여러 가지 감정.

***감동** 크게 느끼어 마음이 움직임.
***한발** 어떤 동작이나 행동이 시간·위치상으로 간격을 두고 일어남.

*감 느낌이나 생각.
*사고 다른 사람에게 해를 입혔거나 말썽을 일으킨 나쁜 짓.

***공붓벌레** 공부만 파고드는 사람을 이르는 말.
***끝내주다** 아주 좋고 굉장하게 함.

아스카 문화와 호류지

일본은 섬이라는 지리적 한계 때문에 한국, 중국 등 주변 나라와 달리 발전 속도가 더뎠어요.
기원전 3세기경 여러 나라들이 생겨났고, 4세기 야마토 정권이 성립되고 6세기에 이르러서야
중국과 한반도의 불교문화와 철제 기술을 받아들여 나라의 기틀을 다지게 되었어요.
특히 7세기경 쇼토쿠 태자는 백제, 고구려, 신라 삼국의 영향을 받아 불교문화를 화려하게
꽃피웠는데, 이를 '아스카 문화'라고 해요. 아스카 시대에는 나라 곳곳에 절이 세워졌어요.
그중 호류지는 쇼토쿠 태자가 지은 일본 최고의 목조 건축물이에요.

➡ 호류지 금당
호류지 금당에는 고구려 승려
담징이 그린 벽화가 있어요.

담징 — 고구려 승려

쇼토쿠 태자 — 일본 아스카 시대 정치가

국풍 문화와 가나 문자

8세기 초 나라 시대 때 일본은 당나라에 견당사를 보내는 등 대륙의 선진 문물을 적극적으로
받아들였어요. 그러다 8세기 말 헤이안 시대에 접어들어 당이 점차 쇠퇴하자, 당나라 문화에서
벗어나 일본만의 고유한 문화가 발달하기 시작했어요. 이를 '국풍 문화'라고 해요. 이 시기에
일본식 건축물과 관복이 나타난 것은 물론, 일본의 고유 문자인 '가나'가 탄생했고, 일본인의
감정을 잘 표현한 노래인 '와카'가 지어졌어요. 가나 문자로 쓰인 대표적인 소설이 바로
무라사키 시키부가 지은 《겐지모노가타리》예요.

무라사키 시키부
일본 헤이안 시대 작가

당나라와 동아시아 문화권

중국 당나라는 활발한 대외 교류를 통해 주변 국가에 큰 영향을 주었어요. 한국과 일본, 베트남이 영향을 받으며 동아시아 문화권으로 형성되었지요. 동아시아 문화권의 공통 문화 요소는 '한자', '율령', '불교', '유교'예요. '한자'는 고유 문자로 발전하였고, '율령'은 통치 체제의 기본으로, '유교'는 정치 및 사회 이념으로 이용되었으며, '불교'의 경우 학문과 예술 발달에 큰 영향을 끼쳤어요. 물론 나라별 문화가 완전히 똑같지는 않고, 사정에 맞게 발전시켰답니다. 예를 들어, 한자를 일본에서는 가나, 베트남은 쯔놈, 한국은 이두로 변형시켜 이용했지요.

백강 전투에 참전한 일본

우리나라 삼국 중 백제는 일본과 친하게 지내며 여러 문화를 전파해 주었어요. 660년, 백제가 신라와 당나라 연합군의 공격으로 망하자, 백제의 복신과 도침, 부여풍은 나라를 부흥시키려고 했어요. 일본에 구원병을 요청했고, 일본은 4만여 명의 군사를 보냈어요. 663년, 금강 하류 지역으로 추측되는 백강 부근에서 백제와 일본 연합군과 나당 연합군이 격돌했어요. 이를 '백강 전투' 또는 '백촌강 전투'라고 해요. 결과는 백제와 일본 연합군의 참패였어요. 이 싸움에서 백제는 역사 속으로 사라졌고, 일본은 당나라의 침공을 우려해 성을 쌓았어요.

*전국 시대 최후의 승자

*전국 시대 일본 역사에서 15세기 말부터 16세기 말까지 각 지역 세력이 전쟁을 벌이던 혼란 시기.

*무로마치 막부 1336년부터 1573년까지 일본을 통치한 막부. '막부(바쿠후)'는 '장군의 진영'이란 뜻으로, 일본의 무사 정권을 지칭하는 말.

***피하다** 다른 곳으로 몸을 옮김.
***성공** 원하거나 목적한 것을 이룸.

***정신** 무엇에 대해 느끼고 판단하는 힘.
***무사** 무예를 익혀 그 방면에 일하는 사람.

***사무라이** 일본 봉건 시대의 무사 계급.
***염탐** 몰래 남의 사정을 살피고 조사함.

***자객** 사람을 몰래 죽이는 일을 전문으로 하는 사람.
***활약하다** 기운차게 뛰어다님.

***날렵하다** 재빠르고 날램.
***주군** 군주 국가에서 나라를 다스리는 우두머리.

*충성심 임금이나 국가에 대해 진정으로 우러나오는 정성스러운 마음.
*차라리 여러 가지 사실이 모두 마음에 들지 않지만, 그래도 이리하는 것이 나음을 나타내는 말.

***모르쇠** 아는 것이나 모르는 것이나 다 모른다고 잡아떼는 것.
***실물** 실제로 있는 물건이나 사람.

*명성 세상에 널리 퍼져 있는 평판 높은 이름.
*자자하다 여러 사람의 입에 오르내려 떠들썩함.

*은근히 겉으로 드러나지 않지만 속으로 생각 정도가 깊고 간절하게.
*친히 직접 제 몸으로.

*조총 16~19세기 동아시아에서 사용한, 심지에 불을 붙게 하여 쓴 화승총.
*전율 몸이 떨릴 정도로 감격스러움.

62

***실전** 실제의 싸움이나 겨룸.
***분위기** 어떤 자리나 장면에서 느껴지는 기운.

***번거롭다** 귀찮을 만큼 몹시 복잡함.
***제정신** 자기 본래의 바른 정신.

*절약 꼭 필요한 데에만 써서 아낌.
*귀인 중요한 일이나 어려운 일이 있을 때 도와주는 사람.

***극진히** 마음과 힘을 다하여 매우 정성스럽게.
***대접** 상대가 마땅히 받아야 할 예로 대함.

66

***귀찮다** 싫고 성가심.
***굴리다** 물건을 함부로 다루거나 아무렇게 둠.

***광범위하다** 범위가 넓음.
***짚이다** 미루어 생각해 본 결과 어떠할 것으로 짐작됨.

오다 노부나가
(1534년~1582년)

도요토미 히데요시
(1536년 또는 1537년~1598년)

도쿠가와 이에야스
(1543년~1616년)

*카리스마 많은 사람을 이끌어 따르게 하는 능력.
*자결 스스로 목숨을 끊음.

***지략** 어떤 문제를 분석하여 해결책을 세우는 뛰어난 능력.
***재정** 단체나 국가가 수입과 지출을 관리하며 운영하는 것.

도쿠가와 이에야스 (1542년~1616년)

도쿠가와 이에야스는 1603년 에도 막부를 연 사람이에요. 에도 막부는 일본 역사에서 세 번째이자 마지막 막부예요. 도쿠가와 이에야스가 활동하던 전국 시대에는 무사들의 세력 다툼이 심했어요. 처음 혼란한 상황을 평정한 사람은 오다 노부나가예요. 그는 포르투갈의 조총을 받아들여 전쟁에 썼어요. 그 뒤 도요토미 히데요시가 권력을 잡아 일본 전체를 통일했어요. 히데요시가 죽자 도쿠가와 이에야스가 군사를 일으켜 정권을 잡았어요. 에도 막부는 도쿄를 중심으로, 메이지 유신 전까지 약 260년간 유지됐어요.

*동맹 둘 이상의 개인이나 나라 등이 이익을 위해 서로 도울 것을 약속함.
*복종 다른 사람의 명령이나 의견에 그대로 따름.

***성향** 성질에 다른 경향.
***수단** 어떤 목적을 이루기 위해 쓰는 방법이나 도구.

*중요시 중요하게 여김.
*탐내다 자기 것으로 가지고 싶어 함.

***쇼군** 일본 막부 시대 때의 우두머리를 가리키는 말.
***다이묘** 각 지방에서 영지를 가지고 있는 영주.

*단결 많은 사람이 마음과 힘을 한데 뭉침.
*중심지 어떤 일이나 활동의 중심이 되는 곳.

*물자 어떤 활동에 필요한 물건이나 재료.
*상업 이익을 얻기 위한 목적으로 상품을 사고파는 경제 활동.

*나중 일정한 시간이 지난 뒤에.
*일단 우선 먼저.

*잘생기다 얼굴 생김새가 훌륭함.
*쓸모 쓸 만한 가치.

***경고음** 조심하거나 삼가도록 미리 주의를 주는 소리.
***가상하다** 착하고 칭찬할 만함.

*혼란 뒤죽박죽되어 어지럽고 질서가 없음.
*도가니 여러 사람의 감정이 매우 흥분되고 긴장된 상태.

***가부키** 에도 시대에 발달한 음악과 무용 요소를 포함한 일본 전통극.
***스모** 일본의 전통 씨름.

***번성하다** 세력이 커져 널리 퍼짐.
***자칫하다** 어쩌다 조금 어긋나거나 잘못됨.

권력을 차지한 무사

일본은 1192년, 가마쿠라 막부가 세워지고 1867년 에도 막부가 무너질 때까지 약 700년 동안 무사가 나라를 다스렸어요. 이를 '막부(바쿠후) 시대'라고 하는데, 막부는 원래 '전쟁터에서 장수가 머물던 임시 천막'을 가리키던 말이에요. 막부 시대에는 쇼군(정이대장군)이 나라 최고의 권력자가 되어 통치했어요. 그럼 왕은 없었냐고요? 덴노(천황)가 있었지만, 덴노는 쇼군을 임명하는 상징적인 존재에 불과했어요. 일본의 막부 시대는 가마쿠라 막부, 무로마치 막부, 에도 막부로 이어졌어요.

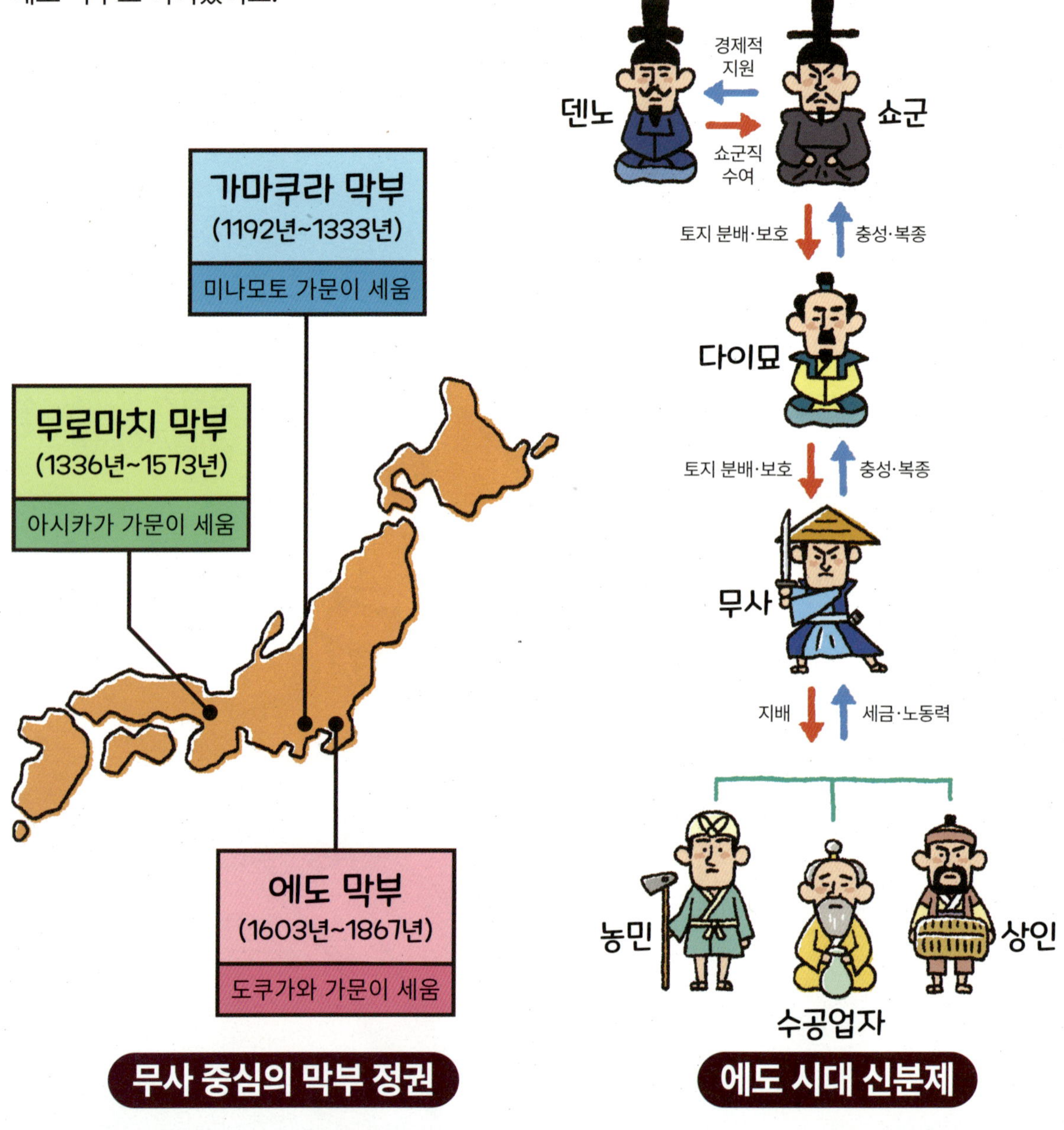

산킨코타이를 실시한 에도 막부

막부 시대에는 쇼군이 모든 지역을 직접 다스리지 않았어요. 각 지역은 다이묘(영주)가 알아서 다스렸어요. 유럽과 비슷한 봉건제라고 볼 수 있지요. 그러다 에도 막부 시대 때는 다이묘 세력이 커지는 것을 막기 위해 '산킨코타이 제도(참근교대)'가 실시되었어요. 에도 막부는 각 지역 다이묘들의 부인과 자녀들을 에도(도쿄)의 저택에 살게 했어요. 그러고는 다이묘들에게 일정 기간 에도에 와서 지내도록 했어요. 가족이 볼모로 잡혀 있는 다이묘는 쇼군에게 반란을 일으킬 생각을 못 했어요. 이 산킨코타이 제도 때문에 다이묘가 에도까지 오는 길을 따라 상인들이 모여들어 교통과 상업이 발달했답니다.

유럽에서 유행한 우키요에

네덜란드의 화가 고흐는 일본의 '우키요에'라는 그림을 아주 좋아했어요. 그래서 자신의 그림에
우키요에 장면을 남기곤 했어요. 우키요에는 에도 막부 시대에 유행한 화풍으로, 당시 일본
사람들의 생활 모습이나 자연 풍경을 담은 그림이에요. 그런데 이 그림은 붓으로 그린 게
아니에요. 나무판에 새긴 다음 여러 가지 색을 입혀 찍어 낸 것으로, 한꺼번에 똑같은 그림을 여러
장 찍어 낼 수 있었어요. 일본 사람들은 유럽에 수출하는 도자기를 싸는 포장지로 이 우키요에
인쇄물을 사용했어요. 그렇게 전해진 우키요에가 유럽 화가들에게 큰 영향을 주었답니다.

일본 도자기 발전에 영향을 준 임진왜란

1592년, 조선에서는 선조가 왕으로 있을 때 대륙 진출을 꿈꾸고 있던 도요토미 히데요시가
조선을 침략했어요. 명나라로 가는 길을 내놓으라고 하면서요. 이 전쟁을 '임진왜란'이라고
해요. 그런데 임진왜란을 '도자기 전쟁'으로 부르는 역사가들도 있어요. 일본이 조선의 도자기
기술자들을 데려가 자국의 도자기 산업을 크게 발전시켰기 때문이에요. 1597년, 정유재란 때
끌려간 기술자 중 대표적인 도공이 바로 '이삼평'이에요. 이삼평은 일본 규슈의 아리타 지역에서
알맞은 흙을 찾아내 그릇을 만들었어요. 일본 사람들을 그를 '도자기의 신'으로 섬기고 있답니다.

근대화를 이끈 메이지 덴노

*메이지 시대 일본 19세기 후반부터 20세기 초까지 메이지 덴노가 통치하던 시기.
*애송이 애티가 나는 사람.

*권력 남을 복종시키거나 지배할 수 있는 권리와 힘.

***교역** 나라와 나라 사이에 물건을 사고팔고 하여 서로 바꿈.
***개항** 외국과 무역을 할 수 있게 항구를 열어 외국 선박의 출입을 허가함.

***불리하다** 이롭지 아니함.
***실정** 정치를 잘못함.

*거처 일정하게 자리를 잡고 사는 장소.
*그럴듯하다 제법 그렇다고 여길 만함.

***신성** 함부로 가까이할 수 없을 만큼 고결하고 거룩함.
***신화** 신이나 영웅, 민족의 기원 따위를 다룬 신성한 이야기.

***설마** 그럴 리는 없겠지만.
***간파** 속내를 꿰뚫어 알아차림.

*행차 웃어른이 차리고 나서서 길을 감.
*환호성 기뻐서 크게 부르짖는 소리.

*휘둘리다 이리저리 마구 내둘림.
*부강 부유하고 강함.

*동감 어떤 의견에 같은 생각을 가짐.
*유연하다 부드럽고 융통성이 있음.

***서양식** 서양의 양식이나 격식.
***군주** 세습적으로 나라를 다스리는 최고 지위에 있는 사람.

메이지 덴노 (1852년~1912년)

메이지 덴노는 일본의 제122대 천황으로, 이전 막부 시대까지의 덴노와 다른 점이 있었어요. 메이지 유신(1868년)이라는 근대화된 개혁 과정을 통해서 일본을 덴노의 권한이 큰 나라로 만든 거예요. 메이지 유신이 일어나기 약 10년 전, 일본은 미국과 조약을 맺고 항구를 열었어요. 값싼 수입 물건이 들어오면서 일본 경제는 점점 어려워졌어요. 백성들은 에도 막부의 쇼군이 나라 운영을 잘하지 못한 결과라고 여겨서 막부를 무너뜨렸어요. 이때 메이지 덴노가 덴노 자리에 올라서 일본의 제도를 개혁했어요.

*소란 시끄럽고 어수선함.
*황송하다 분에 넘쳐 고맙고도 송구함.

*조사 내용을 명확히 알기 위해 자세히 살펴봄.
*심문 자세히 따져 물음.

*해하다 이롭지 않게 하거나 손상을 입힘.
*흉내 남이 하는 말이나 행동을 그대로 옮기는 짓.

*황당하다 말이나 행동 따위가 터무니없음.
*우려하다 근심하거나 걱정함.

***토속** 그 지방 특유의 풍속.
***살생** 사람이나 짐승 따위를 죽임.

***사달** 사고나 탈.
***육즙** 도살된 고기에 들어 있는 풍미 성분이나 영양소를 포함한 수분.

***단점** 잘못되고 모자라는 점.
***강점** 남보다 우세하거나 뛰어난 점.

*담백하다 음식이 느끼하지 않고 산뜻함.
*곁들이다 주된 음식에 다른 음식을 서로 어울리게 놓음.

***거부** 요구 따위를 받아들이지 않고 물리침.
***입맛** 음식을 먹을 때 입에서 느끼는 맛에 대한 감각.

106

***삼엄하다** 무서우리만큼 질서가 바로 서고 엄숙함.
***쓸쓸하다** 달갑지 않고 조금 언짢음.

***사절단** 나라를 대표하여 일정한 사명을 띠고 외국에 파견되는 사람들 무리.
***양복** 서양식 옷.

***위상** 어떤 사물이 다른 사물과의 관계 속에서 가지는 위치나 상태.
***권한** 어떤 사람이나 기관의 권력이 미치는 범위.

1942년 일본의 최대 영역

***불평등 조약** 강대국이 약소국을 대상으로 자신들이 유리하도록 맺는 조약.
***열강** 여러 강한 나라.

***제국주의** 우월한 군사력과 경제력으로 다른 나라를 침략하여 대국가를 이루려는 경향.
***공존** 두 가지 이상의 사물이나 현상이 함께 존재함.

***선수** 남이 하기 전에 앞질러 하는 행동.
***먹잇감** 동물의 먹이가 되는 것.

***무례** 태도나 말에 예의가 없음.
***개명** 이름을 고침.

*초안 처음 안건을 잡음. 또는 그 안건.
*포부 마음속에 지니고 있는 미래에 대한 계획이나 희망.

메이지 유신의 성공과 근대화

일본은 조선, 중국과는 다르게 메이지 유신에 성공하여 근대 국가로 발전할 수 있었어요. 메이지 유신을 주도한 사람들은 쇼군이 다스리던 막부를 없애고, 일본을 덴노 중심의 중앙 집권 국가로 만들려고 했어요. 그래서 에도 막부 때 다이묘가 다스리던 '번' 대신 '현'을 설치한 후 관리를 보내 다스리게 했어요. 또 신분 차별을 없애 평민들이 직업을 자유롭게 선택할 수 있도록 했고, 학교, 공장, 철도 등 근대 시설도 마련했어요. 1889년, 입헌 군주제를 규정한 '일본 제국 헌법'이 만들어져 일본은 덴노의 권력이 큰 나라로 변하게 되었어요.

↑ **서양식 벽돌 건물이 들어선 긴자 거리**
메이지 유신 이후 도쿄에 서양식 건물이 들어섰어요. 거리에는 전차가 다니고 가로등, 양복 차림의 사람들도 보여요.

메이지 덴노
일본 제국의 제122대 천황

일본인의 식생활 변화

일본인이 가장 좋아하는 3대 양식은 '돈가스', '크로켓', '카레라이스'예요. 이 음식들은 메이지 유신 이후부터 먹기 시작했어요. 그전에는 육식을 못 하게 하는 법 때문에 고기를 먹지 않고 주로 생선을 먹었어요. 메이지 덴노는 일본인도 서양인처럼 큰 체격을 가져야 한다고 생각해 육식 금지법을 없앴어요. 고기를 먹게 된 일본인은 거부감을 없애기 위해 튀김옷을 입힌 돼지고기를 기름에 튀겨 낸 '돈가스', 빵 속에 다진 고기를 넣어 튀긴 '크로켓', 카레 가루에 고기와 채소를 넣고 끓인 '카레라이스'를 먹었어요.

미국과 유럽을 돌아본 이와쿠라 사절단

일본은 메이지 유신을 시작하면서 미국과 유럽에 사절단을 보냈어요. 목적은 개항 이후 맺은 불평등 조약을 고치기 위해서였어요. 사절단은 수행원과 유학생을 포함하여 100여 명으로 구성되었고, 이들을 이끌었던 사람의 이름을 따서 '이와쿠라 사절단'이라고 불렀어요. 이와쿠라 사절단은 요코하마에서 출발해 미국 샌프란시스코로 향했어요. 이들은 불평등 조약을 개정하기 위해 노력했지만 큰 성과를 거두지는 못했어요. 대신 선진 제도와 문물을 보고 일본도 하루빨리 근대화를 이루어야겠다는 생각을 하게 되었어요. 그 후 사절단은 유럽의 영국, 프랑스, 독일 등 12개 국가를 방문하고 1년 9개월 만에 돌아왔어요. 사절단이 귀국한 후 일본은 근대적 개혁을 위해 박차를 가했어요.

퀴즈 메이지 정부가 근대화를 마련하는 데 큰 영향을 끼친 사절단은?
① 이와쿠라 ② 이다도시

메이지 유신을 모델로 한 갑신정변

개항 이후 조선 정부는 청나라를 중심으로 근대화를 추진하려고 했어요. 하지만 김옥균, 박영효 등의 급진 개화파는 일본의 메이지 유신을 본받아 서양의 과학 기술과 사상, 제도 등을 적극적으로 받아들이고자 했어요. 1884년, 이들은 일본의 지원을 받아 우정국 개국 축하 잔치에서 민영환을 비롯한 보수파를 제거하고 권력을 차지했어요. 이 사건이 바로 '갑신정변'이에요. 개화파들은 곧 청에 대한 사대 관계 폐지, 신분제 폐지, 조세 개혁 등 14개 조항의 근대적 개혁안을 발표했어요. 하지만 청나라 군대가 개입해 3일 만에 실패했어요.

갑신정변 삼일천하 과정

4 이토 히로부미

이토 히로부미와 *식민 정책

*식민 정책 식민지의 획득과 경영에 관한 정책.
*부패 정치, 사상, 의식 등이 타락함.

***배상금** 남에게 입힌 손해에 대해 물어 주는 돈.
***두둑이** 넉넉하거나 풍부하게.

이토 히로부미 (1841년~1909년)

가난한 소작농의 아들로 태어났어요. 16세 무렵 요시다 쇼인이 세운 학교에서 공부하며 근대 문물을 배웠어요. 1885년, 일본의 초대 내각 총리가 되어 일본 정치를 이끌며 조선을 식민지로 만드는 데 앞장섰어요. 특히 1905년에 을사늑약을 맺게 하여 대한 제국의 외교권을 빼앗고, 헤이그에 부당함을 알리기 위해 특사를 보낸 고종도 강제 퇴위시켰어요. 이토 히로부미는 1909년 러시아와 협상을 하기 위해 하얼빈역을 방문했다가 조선의 독립운동가 안중근이 쏜 총에 맞아 세상을 떠났어요.

*근대사 근대 시대의 역사.
*확신 굳게 믿음. 또는 그런 마음.

***총리대신** 오늘날 국무총리에 해당하는 자리.
***인재** 어떤 일을 할 수 있는 능력이나 학식을 갖춘 사람.

*결정적 일이 되어 가는 형편이 바뀔 수 없을 만큼 확실한 것.
*기사 신문이나 잡지에서 어떠한 사실을 알리는 글.

***근거** 어떤 일이나 의견에 근본이 되는 까닭.
***저격** 일정한 대상을 노려서 총을 쏨.

***코레아 우라** 대한 제국 만세를 뜻하는 러시아어.

*원흉 못된 짓을 한 사람들의 우두머리.
*사명 맡겨진 임무.

*호외 특별한 일이 있을 때 임시로 발행하는 신문이나 잡지.
*기껏 힘이나 정도가 미치는 데까지.

***차질** 하던 일이 계획이나 의도에서 벗어나 틀어지는 일.
***주름잡다** 모든 일을 자기가 하고 싶은 대로 주동이 되어 처리함.

127

*급하다 사정이나 형편이 빨리 처리해야 할 상태에 있음.
*최근 얼마 되지 않은 지나간 날부터 현재까지의 기간.

*대공황 1929년 세계적으로 일어난 큰 규모의 경제 혼란 현상.
*경제난 경제상 겪는 큰 문제나 어려움.

*발생 어떤 일이 생겨남.
*점령 어떤 장소를 차지하여 자리를 잡음.

***가치** 사물이 지니고 있는 쓸모.
***명분** 일을 꾀할 때 내세우는 구실이나 이유.

***자작극** 남을 속이기 위해 자신이 직접 거짓으로 꾸민 사건.

***반전** 일의 형세가 뒤바뀜.

***막무가내** 달리 어쩔 도리가 없음.
***경기** 매매나 거래에 나타나는 호황, 불황과 같이 경제 분야에 관련되어 나타나는 상황.

*군부 군사에 관한 일을 맡아보는 중심 세력.
*치열하다 기세나 세력 따위가 불길같이 맹렬함.

***반역자** 나라와 겨레를 배반하는 사람.
***찬양** 아름답고 훌륭함을 드러내어 크게 기리고 칭찬함.

***학살** 사람을 모질고 잔인하게 마구 죽임.
***민간인** 관리나 군인이 아닌 일반인.

***만행** 잔인하고 야만적인 행동.
***동원** 어떤 목적을 이루려고 사람이나 물자 등을 한데 모음.

***군사 동맹** 둘 이상의 나라가 군사 목적을 위해 공동으로 행동하기로 하는 약속.

*선전 포고 한 나라가 다른 나라와 전쟁을 시작한다는 뜻을 공식적으로 알리는 일.
*서막 중요한 일의 시작.

*전쟁광 전쟁에 미치다시피 열중한 사람.
*신중 매우 조심스러움.

*승전국 전쟁에서 이긴 나라.
*최후 맨 마지막.

*식량 생존을 위해 필요한 먹을거리.
*군수품 군대 유지와 전쟁에 필요한 물품.

***출격** 자기 기지에서 적을 공격하러 나감.
***조종사** 항공기를 움직이는 기술과 자격을 갖춘 사람.

144

*돌격 갑자기 냅다 침.
*자살 스스로 자기 목숨을 끊음.

*승리 겨루어서 이김.
*모양 그렇게 짐작되거나 추측됨을 나타내는 말.

번쩍
까악
악

콰앙

*실상 실제 모양이나 상태.
*대피하다 위험이나 피해를 입지 않도록 일시적으로 피함.

***원자 폭탄** 원자핵이 분열할 때 생기는 에너지를 이용한 폭탄.
***투하** 던져 아래로 떨어뜨림.

***처참하다** 몸서리칠 정도로 슬프고 끔찍함.
***정답** 옳은 답.

제국주의와 일본의 침략 전쟁

19세기 말부터 일본은 우리나라를 식민지로 만들기 위해 호시탐탐 기회를 노렸어요. 이때 걸림돌이 된 두 나라가 바로 청과 러시아예요. 1894년 청일 전쟁을 일으켜 승리한 일본은 '시모노세키 조약'을 맺고 막대한 배상금 챙겼어요. 그 돈을 기반으로 군사력을 키우면서 본격적으로 주변 나라를 삼키기 시작했어요. 1904년 러일 전쟁에서 승리한 후에는 '포츠머스 조약'을 맺고, 우리나라 지배권을 인정받았어요. 그 뒤 일본은 우리나라의 주권을 강제로 빼앗고 남만주 지역으로 세력을 넓혀 나갔어요.

히로시마와 나가사키에 떨어진 원자 폭탄

제2차 세계 대전을 일으킨 독일이 항복하자 미국은 일본의 항복을 받아 내려고 했어요.
하지만 일본은 식민 지배를 받고 있던 우리나라 젊은이까지 전쟁터로 내몰면서 버텼어요.
1945년 8월 6일, 미국은 일본 히로시마에 원자 폭탄을 떨어뜨렸어요. 도시는 순식간에 폐허가
되었고, 약 14만 명이 목숨을 잃었어요. 3일 뒤인 8월 9일, 미국은 나가사키에도 원자 폭탄을
투하했어요. 전쟁을 계속할 수 없다고 판단한 일본은 8월 15일 마침내 항복을 선언했어요.

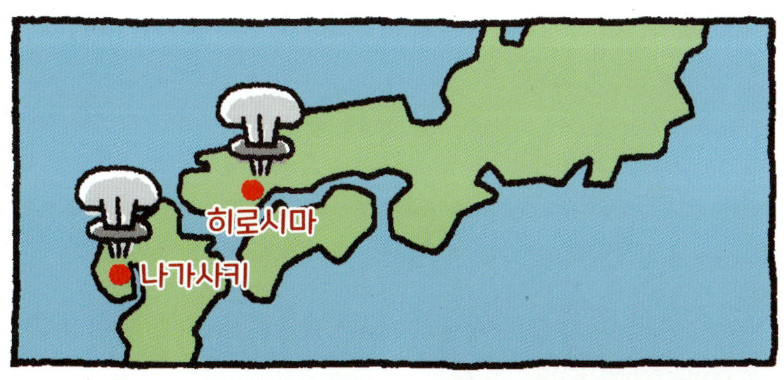

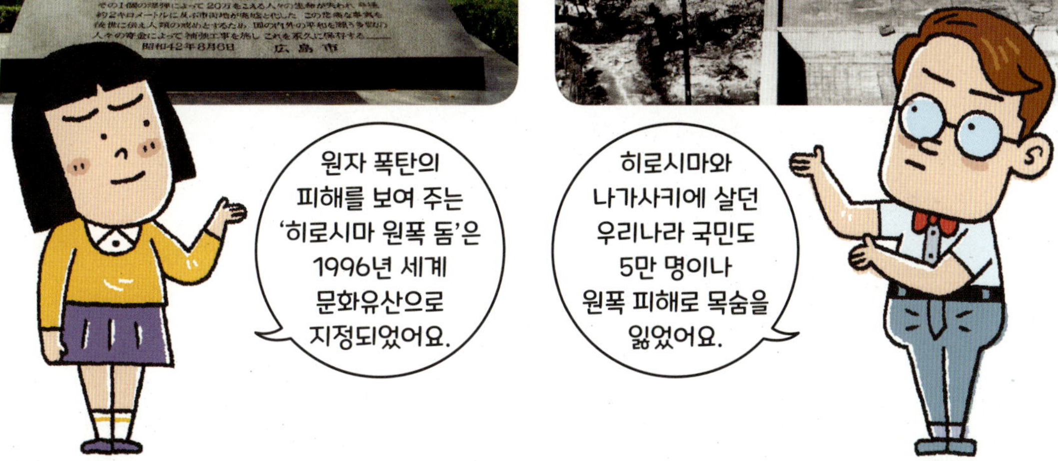

일본, 만주국을 세우다

일본은 1929년 세계적인 경제 공황으로 심각한 경기 불황을 겪게 되었어요. 이를 해결할 방법으로 침략 전쟁을 선택했지요. 1931년, 일본 정부의 허락도 받지 않은 일본 군대가 만주를 침략해 '만주 사변'을 일으켰어요. 그리고 다음 해 만주 지역에 만주국을 세웠어요. 만주국은 일본의 꼭두각시 국가였어요. 청의 마지막 황제 선통제(푸이)가 황제였지만, 중요한 일은 모두 일본인이 결정했어요. 만주국을 차지한 일본은 넓은 땅에서 생산된 풍부한 식량과 자원으로 경제 위기를 극복할 수 있었어요.

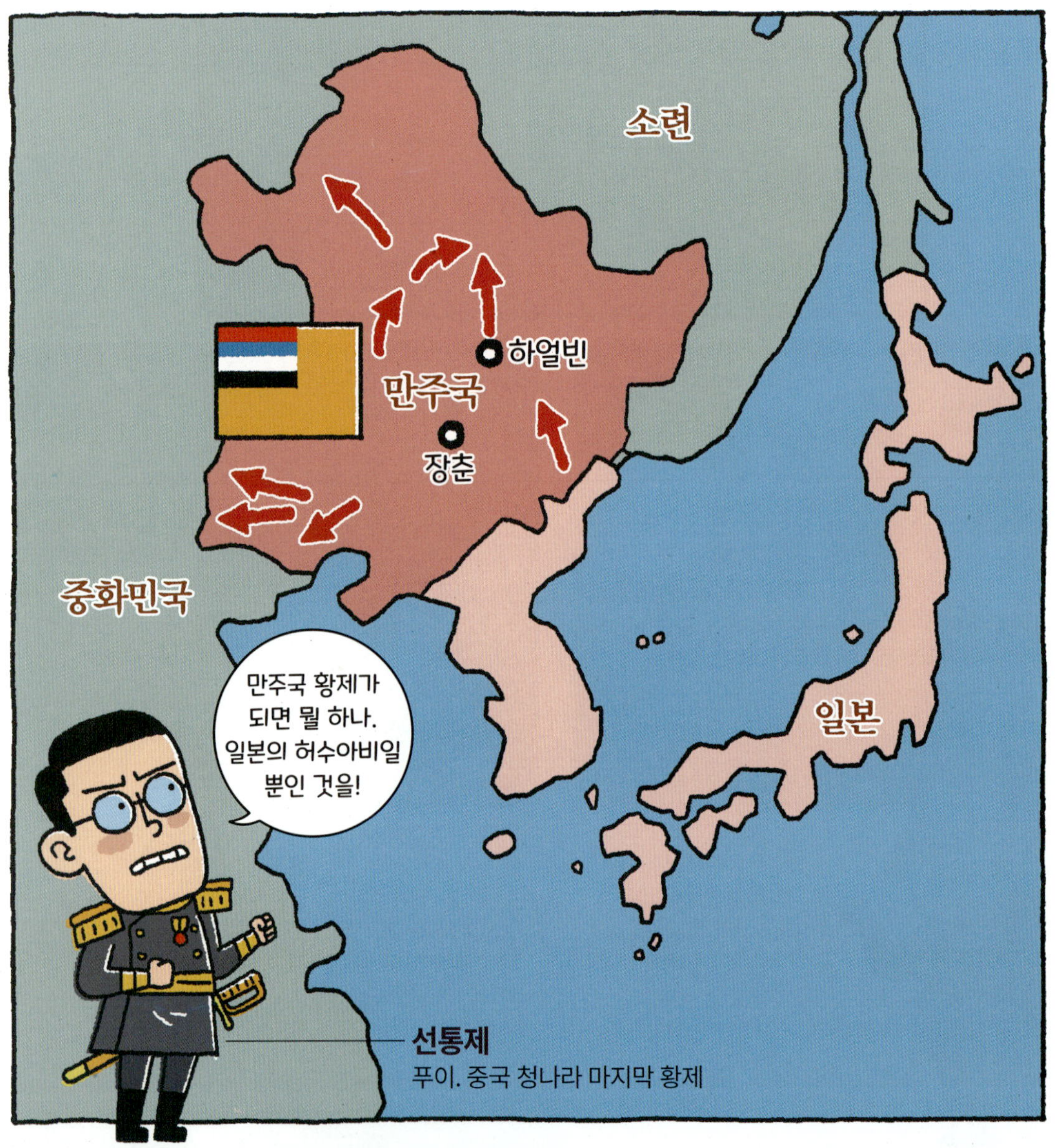

한국인을 도운 일본인

일제 강점기에 우리나라 사람들을 도운 일본인도 있어요. 대표적인 사람이 '후세 다쓰지'와 '가네코 후미코'예요. 두 사람은 모두 그 공을 인정받아 우리나라의 독립 유공자가 되었어요. 후세 다쓰지는 일본이 대한 제국을 식민지로 만든 일에 대해 비판하는 글을 썼어요. 또 일본 법정에서 우리 독립운동가의 변호를 맡았는데, 그중에는 박열과 그의 부인 가네코 후미코도 있었어요. 이들은 덴노와 그의 아들에게 폭탄을 던지려 했다는 혐의를 받고 체포되었어요. 그 후 일본 가네코 후미코는 감옥에서 죽음을 맞이했어요.

퀴즈 독립운동가 박열과 가네코 후미코를 변호한 일본인 변호사는?
① 후세 다쓰지   ② 후세 타츠하루
① 답정

*경영의 신
마쓰시타 고노스케

*경영 기업이나 사업 따위를 관리하고 운영함.
*재빨리 동작 따위가 재고 빠르게.

***패망** 싸움을 져서 망함.
***볼품없다** 겉으로 드러나 보이는 모습이 초라함.

***위축되다** 어떤 힘에 눌려 졸아들고 기를 펴지 못하게 됨.

***자초하다** 어떤 결과를 자기가 생기게 함.
***통치** 나라나 지역을 도맡아 다스림.

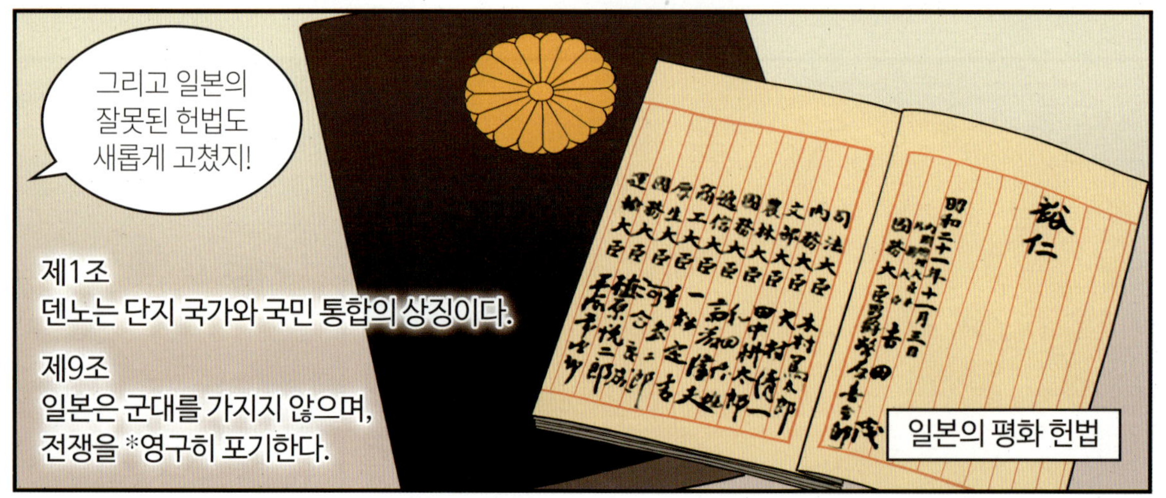

***물정** 세상의 이러이러한 실정이나 형편.
***영구히** 시간상 무한히 이어진 상태로.

*미화 보기 좋게 꾸밈.
*민주 국가 나라의 주권이 국민에게 있어 그에 따라 국민이 정치에 참여할 수 있는 나라.

*유엔군 국제 연합 회원국들의 군 병력으로 편성한 군대.
*지도자 남을 가르쳐 이끄는 사람.

***인적** 사람의 왕래.
***찰거머리** 끈질기게 달라붙어서 남을 괴롭히는 사람.

*38선 한반도의 중앙부를 가로지르고 있는 북위 38도선.
*침략 정당한 이유 없이 남의 나라에 쳐들어감.

*희소식 기쁜 소식.

*비극 인생에서 슬프고 애달픈 일을 겪어 불행한 경우.

*경제 대국 다른 나라에 비해 경제력이 높은 나라.
*부활 다시 살아남.

＊**미아** 길이나 집을 잃고 헤매는 아이.
＊**승승장구** 싸움에 이긴 형세로 계속 몰아침.

***견제** 일정한 힘을 가해 상대편이 자유롭게 행동하지 못하게 억누름.
***면죄부** 책임이나 죄를 없애 주는 조치.

*음향 기기 소리를 내는 기구.
*복고풍 과거의 모습으로 되돌아간 풍속. 그런 유행.

***초창기** 어떤 사업을 일으켜 처음으로 시작한 시기.
***판** 승부를 겨루는 일을 세는 단위.

***연비** 자동차가 일정한 양의 연료를 써서 움직이는 거리.
***계열사** 경영주가 같거나 사업 계통이 같아서 서로 밀접한 관련이 있는 회사.

***연설** 여러 사람 앞에서 자기의 주장이나 의견을 말함.
***수수하다** 옷차림 따위가 좋지도 나쁘지도 않고 어지간함.

마쓰시타 고노스케 (1894년~1989년)

일본의 대표 기업가예요. 아버지의 사업 실패 후 학교를 관두고, 화로 가게, 자전거 가게 등에서 일했어요. 1910년, 오사카의 전등 회사에 취직했는데 이때의 경험이 훗날 마쓰시타 전기 산업(현재 파나소닉)을 세우는 밑거름이 되었어요. 마쓰시타는 패망 후 일본이 세계적인 경제 대국 반열에 들어서는 데 크게 공헌했어요. 또 직원의 복지를 중요시하여 1965년부터 주 5일제 근무를 도입했고, 고용한 사람은 정년을 보장했어요.

*리더 조직이나 단체 따위를 이끌어 가는 위치에 있는 사람.
*기업주 기업을 소유한 사람.

***기용** 인재를 높은 자리에 올려서 씀.
***불황** 경제 활동이 일반적으로 침체되는 상태.

이야압!
두둥
탁
앗, 내 마법 카드!
공주님, 이런 거 소용없다고요.
또 너희야? 내 카드 내놔!
어서 돌려드려!
방 방
그만두겠다고 하면 돌려드리죠.
*어림없는 소리! 난 그럴 생각 전혀 없거든.
흥!

***방해** 일이 제대로 되지 못하도록 간섭하고 막음.
***치사하다** 말이나 행동 따위가 쩨쩨하고 남부끄러움.

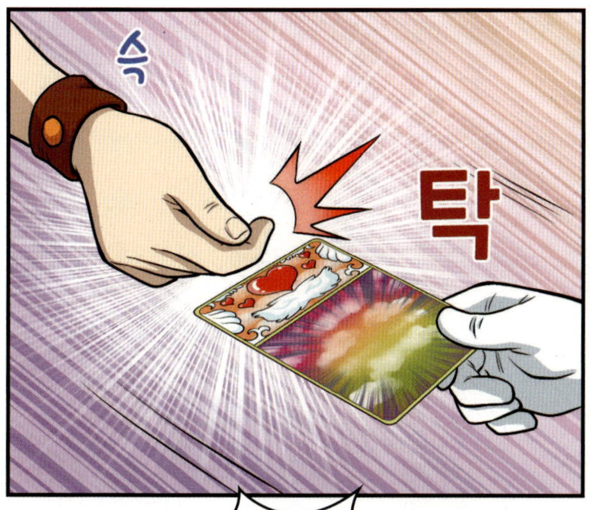

*너무하다 일정한 정도나 한계를 넘어서 지나침.

*포기 하던 일이나 생각을 중간에 그만둠.
*멀쩡하다 흠이 없고 아주 온전함.

*임무 맡겨진 일.
*완수 뜻한 바를 완전히 해냄.

*절도 남의 물건을 몰래 훔침.

***반납** 도로 돌려줌.
***뒷북** 어떤 일이 끝난 후 뒤늦게 쓸데없이 수선을 피우는 일.

*보상 발생한 손실이나 손해를 갚음.
*방사능 원소의 원자핵이 붕괴하면서 방사선을 방출하는 일. 많은 양이 노출되면 인체에 해로움.

*저력 속에 간직하고 있는 든든한 힘.
*해결 사건이나 문제 등을 잘 처리해 끝냄.

평화 헌법과 미군의 지배

일본도 우리나라처럼 미군의 지배를 받았어요. 1945년 항복 선언 이후 미군정이 약 8년간 지배했어요. 이 시기 일본은 몇 가지 변화가 있었어요. 그중 하나가 바로 덴노는 신이 아니라 인간이라고 선언한 거예요. 이 선언은 일본인들에게 큰 충격을 주었어요. 또 다른 변화는 새로운 헌법이 제정된 거예요. '일본국 헌법'의 제9조에 일본은 전쟁과 무력 행사를 포기하고 군대도 두지 않는다고 명시했어요. 그래서 이를 두고 '평화 헌법'이라 불러요. 그런데 요즘 일본에서는 이 헌법을 바꾸어야 한다는 주장이 계속해서 나오고 있어요.

각 분야 산업이 발달한 일본

패전 이후 꾸준한 경제 성장을 이뤄 온 일본은 1980년대 미국과 어깨를 나란히 할 정도가 돼요. 당시 세계 50대 기업 중 일본 회사가 무려 33개였어요. 이 시기 일본 경제를 주도한 분야는 자동차 산업과 전자 제품이에요. 전 세계인이 일제를 좋아했지요. 또 일본 하면 빼놓을 수 없는 것 중 하나가 바로 애니메이션 산업이에요. 이 분야를 발전시킨 대표적 인물로는 '데즈카 오사무'가 있는데, 그가 제작한 <우주 소년 아톰>은 엄청난 사랑을 받았어요. 일본은 현재까지도 애니메이션 최강국으로 자리 잡고 있어요.

↑ 자동차 산업
일본은 1914년부터 자동차를 만들기 시작했어요.
대표적인 회사로 닛산, 도요타, 혼다 등이 있어요.

↑ 전기·전자 산업
1970년대 이후 카메라, 음향 기기, TV 등
일본 전자 제품이 전 세계에서 불티나게 팔렸어요.

↑ 애니메이션 산업
일본 애니메이션의 대표 캐릭터들이
2020년 도쿄 올림픽의 홍보 대사로 선정되기도 했어요.

일본과 독일의 전범 재판

제2차 세계 대전이 끝난 뒤 연합국에서는 전쟁을 일으킨 독일과 일본을 상대로 전쟁 범죄자에 대한 재판을 열었어요. 뉘른베르크에서 열린 독일의 전범 재판에서는 기소된 24명 중 19명의 범죄자가 유죄 판결을 받았어요. 일본 도쿄에서는 '극동 국제 군사 재판'이라 불리는 전범 재판이 열렸어요. 그런데 이상한 점은 전쟁의 최고 책임자인 덴노와 관료, 재벌한테 책임을 묻지 않았다는 거예요. 또 우리나라를 포함한 아시아 피해국들의 목소리가 제대로 반영되지 않았어요.

↑ 뉘른베르크 국제 군사 재판
두 차례에 걸쳐 진행된 재판에서 24명이 전쟁 범죄자로 기소되어, 12명이 사형, 3명이 종신형을 선고받았어요. 독일은 반성하는 모습을 보이고 있어요.

↑ 도쿄 극동 국제 군사 재판
전쟁 범죄자 28명이 기소되어 도조 히데키 등 7명 사형, 16명이 종신형을 받았어요. 일본은 전범들이 묻혀 있는 야스쿠니 신사를 참배하는 등 범죄를 부인하고 있어요.

한일 월드컵 축구 대회 공동 개최

우리나라는 광복을 맞이하고 나서 약 20년 동안 일본과 교류하지 않았어요. 일본 식민 지배가 우리에게 커다란 상처였기 때문이에요. 이 시기 일본은 우리나라에서 일어난 6.25 전쟁에 필요한 물자를 대면서 경제 성장의 기반을 마련했어요. 1965년, 한일 국교 정상화가 이루어지면서 두 나라는 다시 외교 관계를 맺었어요. 1998년 이후에는 일본 영화 및 만화를 우리나라에서 정식으로 수입했어요. 두 나라의 교류가 활발해지면서 2002년에는 월드컵 축구 대회를 공동으로 개최했어요.

퀴즈 일본 경제 성장의 기반을 마련해 준 전쟁은?
① 6.25 전쟁 ② 태평양 전쟁

냥이가 일본의 역사와 문화 ○× 퀴즈에 도전합니다.
바른 답을 골라서 미로를 잘 통과해 보세요.

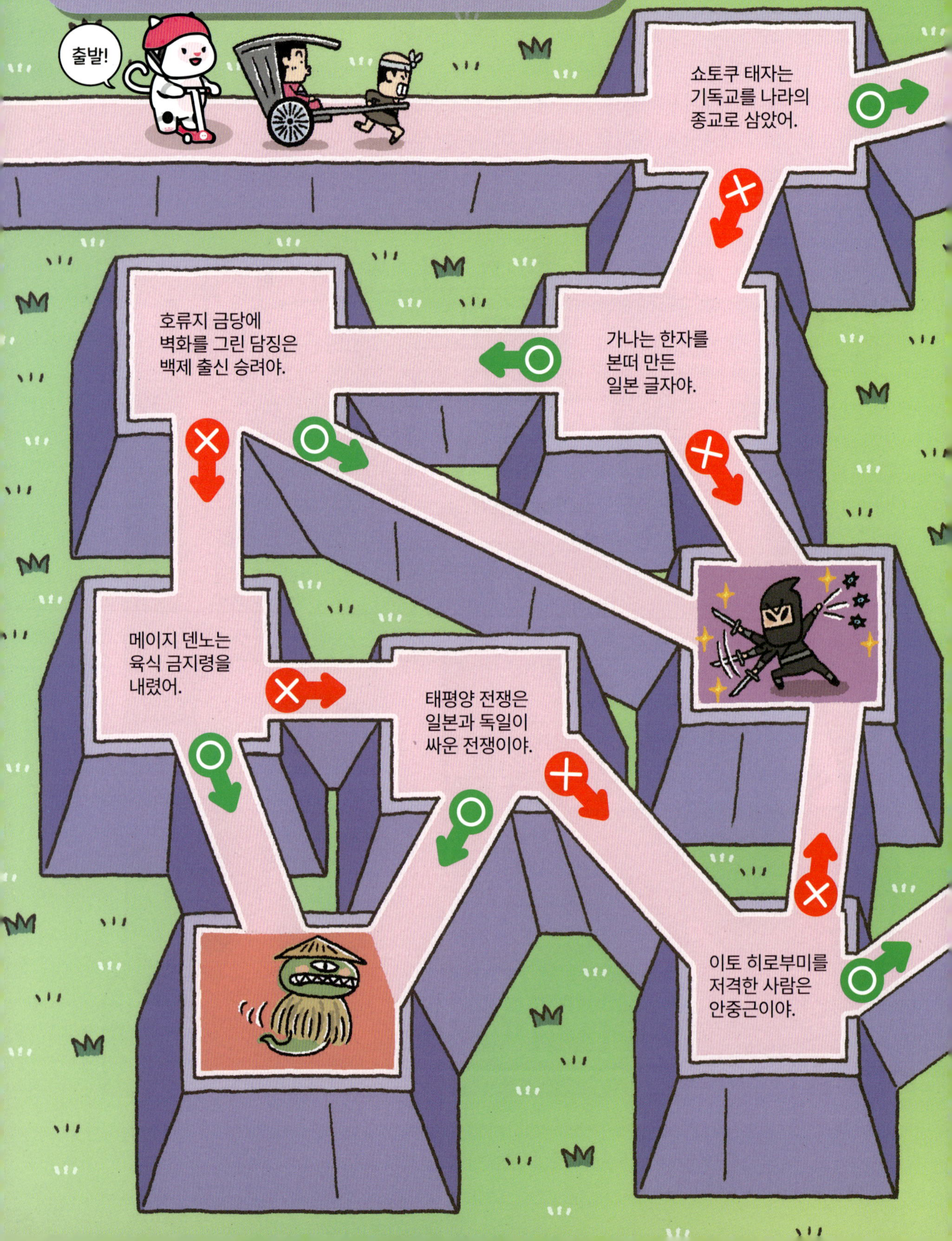

출발!

쇼토쿠 태자는
기독교를 나라의
종교로 삼았어.

호류지 금당에
벽화를 그린 담징은
백제 출신 승려야.

가나는 한자를
본떠 만든
일본 글자야.

메이지 덴노는
육식 금지령을
내렸어.

태평양 전쟁은
일본과 독일이
싸운 전쟁이야.

이토 히로부미를
저격한 사람은
안중근이야.

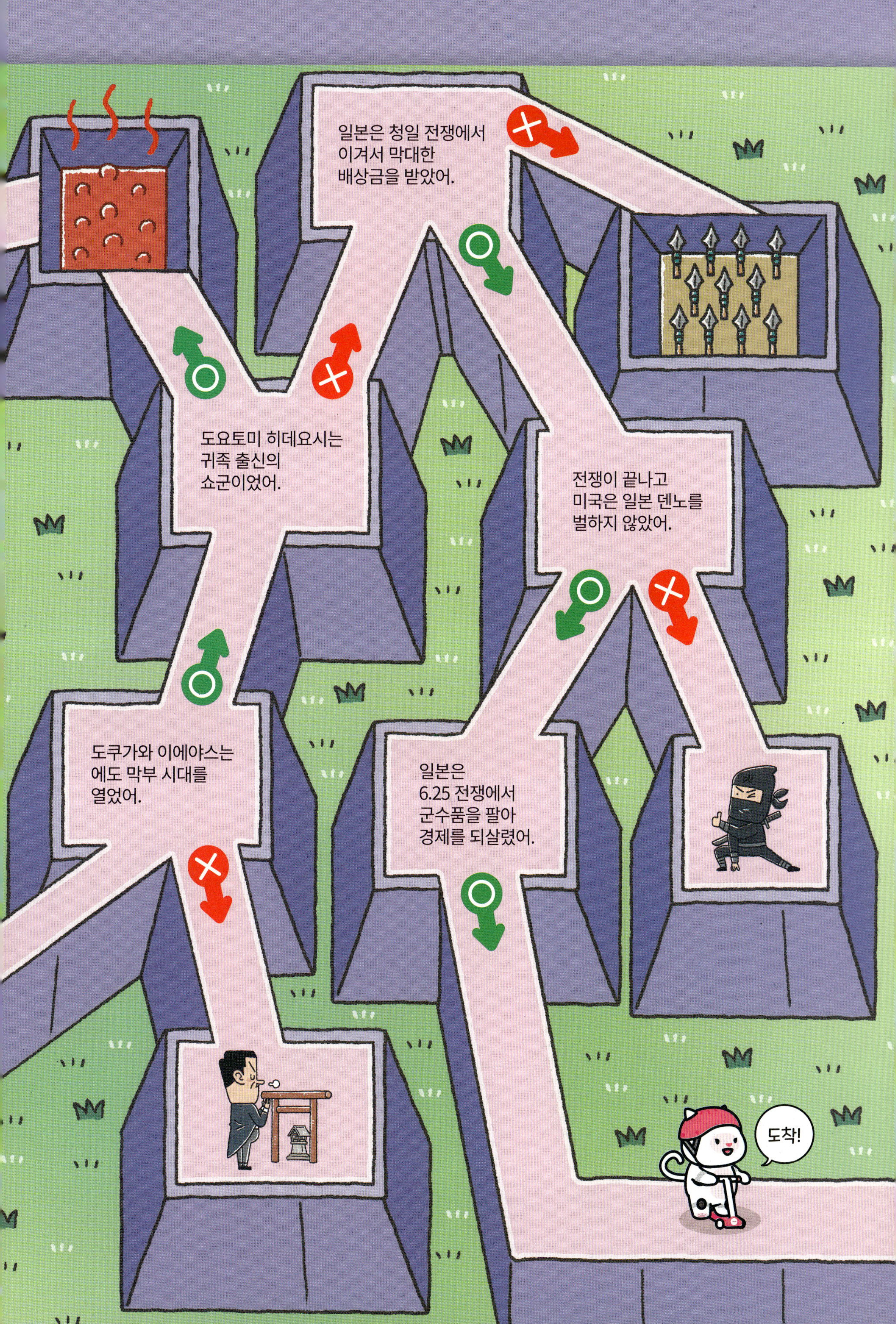

일본은 청일 전쟁에서 이겨서 막대한 배상금을 받았어.
도요토미 히데요시는 귀족 출신의 쇼군이었어.
전쟁이 끝나고 미국은 일본 덴노를 벌하지 않았어.
도쿠가와 이에야스는 에도 막부 시대를 열었어.
일본은 6.25 전쟁에서 군수품을 팔아 경제를 되살렸어.
도착!

가로세로 십자말풀이에 도전해서
일본에 관한 상식을 쑥쑥 쌓아 보세요!

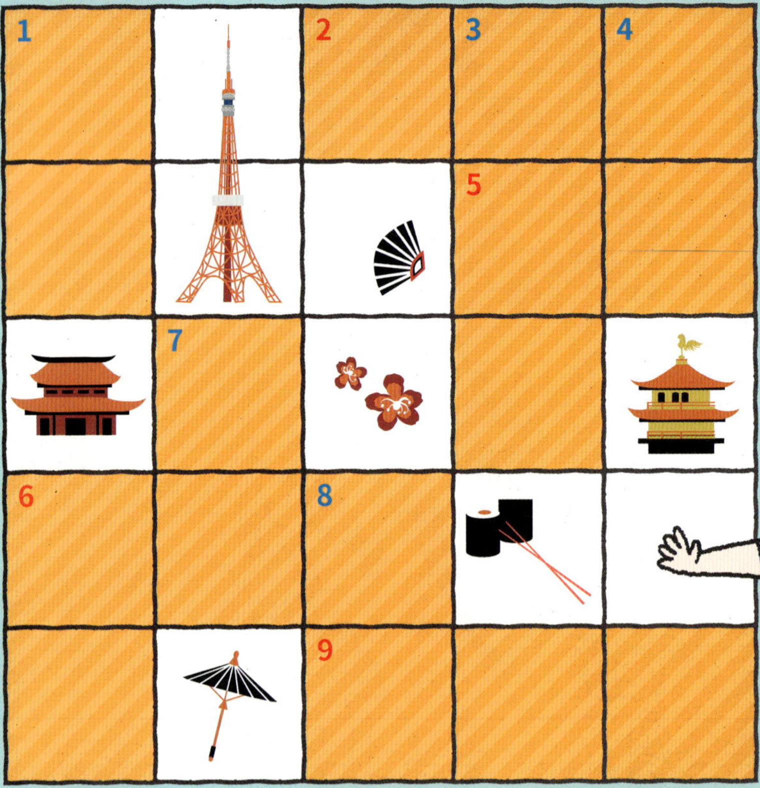

가로 풀이

2. 빵가루를 묻힌 돼지고기를
   기름에 튀긴 서양식 요리.
5. 아버지와 어머니를 아울러 이르는 말.
6. 607년에 쇼토쿠 태자의
   명으로 세워진 절.
   고구려 담징이 그린 벽화가 있다.
9. 미국 하와이주에 있는 만으로,
   일본의 공격으로
   태평양 전쟁이 시작된 곳.

세로 풀이

1. 일본의 고유 문자.
3. 에도 시대에 탄생한 일본 전통극.
4. 일본의 전통적인 씨름 경기.
6. 특별한 일이 있을 때
   임시로 발행하는 신문이나 잡지.
7. 먹을 수 있는 짐승의 고기 종류.
8. 지구 내부의 지진파로
   땅이 흔들리는 일.

아래 일본의 대표 인물들을 살펴보고
이들과 어울리는 사자성어를 짝지어 보세요.

"불교를 받아들여
일본을 강력한 나라로
만드는 데 힘쓰겠어."

전화위복
재앙, 근심, 걱정이 바뀌어
오히려 기회가 됨.

"나라를 안정시켰으니
이제 대륙으로 진출하자.
조선과의 전쟁이다!"

성심성의
참되고 성실한 마음과 뜻.

"주군을 모시는 척
때가 오기를 기다리자.
쇼군이 될 날을!"

솔선수범
남보다 앞서서 행동해
다른 사람의 본보기가 됨.

"나라를 개화시키려면
내가 먼저 서양식 의복을
입고 머리를 자르겠어."

과유불급
욕심을 부리면 오히려
화가 될 수 있다는 뜻.

"호황도 좋지만
때로 불황이 기회가
되기도 합니다."

불비불명
날지도 울지도 않고
조용히 때를 기다림.

1 다음은 1958년~1986년까지 일본에서 발행된 만 엔짜리 지폐예요.
지폐 속 인물이 한 일을 보고 누구인지 고르세요.

① 이토 히로부미
② 메이지 덴노
③ 오다 노부나가
④ 쇼토쿠 태자

2 ㉠과 ㉡에 들어갈 인물을 옳게 나열한 것은 무엇일까요?

> 전국 시대 통일 후 ㉠ 은 명으로 가는 길을 내놓으라며 조선을 침략하여 임진왜란을 일으켰어요. 7년 동안 이어졌던 임진왜란이 조선의 승리로 끝난 후 ㉡ 는 에도 막부를 열었어요.

① ㉠ 오다 노부나가　㉡ 도요토미 히데요시
② ㉠ 도요토미 히데요시　㉡ 도쿠가와 이에야스
③ ㉠ 이토 히로부미　㉡ 도쿠가와 이에야스
④ ㉠ 도요토미 히데요시　㉡ 오다 노부나가

3 일본 헤이안 시대에 무라사키 시키부가 가나 문자로 쓴 장편 소설은 무엇일까요?

① 《겐지모노가타리》　② 《인간 실격》　③ 《설국》　④ 《도련님》

4 아래는 일본의 문화유산을 답사하고 나서 쓴 보고서예요.
어느 곳을 다녀왔는지 알맞은 답을 고르세요.

○○○ 답사 보고서

1. 답사 기간 :
   202X년 ○월 ○일
   ~ 202X년 ○월 ○일

2. 문화유산 소재지 :
   일본 나라현

3. 문화유산 특징 :
   일본에서 가장 오래된
   목조 건축물로 아스카
   시대에 만들어졌어요.

① 에도성　　　② 호류지　　　③ 후지산　　　④ 다이묘

5 일본의 무사를 중심으로 한 막부 정권에 대한 설명으로
<u>적절하지 않은</u> 것은 무엇일까요?

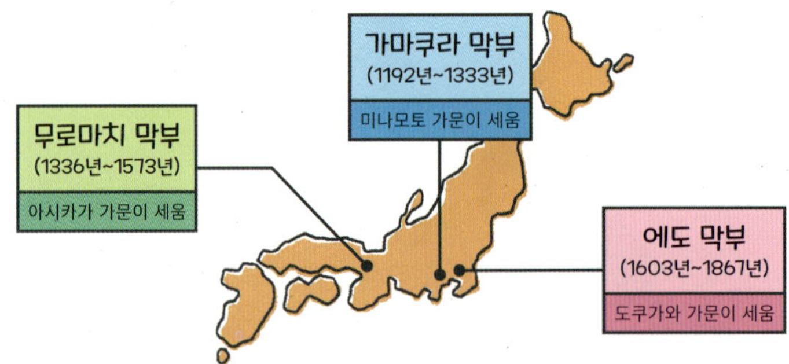

① 무사 정권은 가마쿠라 막부의 성립으로 시작되었어요.
② 이 시기에는 덴노가 실질적인 지배권을 가지고 있었어요.
③ 에도 막부는 산킨코타이 제도를 시행했어요.
④ 막부 정권은 12세기 말부터 약 700여 년간 이어졌어요.

6 아래의 그림은 네덜란드 화가 고흐가 그린 <탕기 영감의 초상>이에요.
이 그림에 영향을 준 일본의 그림을 무엇이라고 하는지 쓰세요.

고흐, 마네 등 서양의 화가들은
여러 가지 색을 칠해
찍어 내는 일본 에도 시대의
그림인 □□□□를/을
보고 영감을 얻어 자신의
작품에 많이 표현했어요.

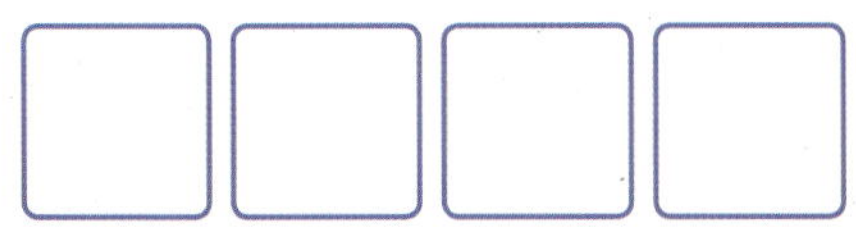

7 ㉠에 들어갈 내용으로 알맞지 <u>않은</u> 것은 무엇인가요?

선생님 : 메이지 유신 이후 일본은 어떤 변화를 맞이했나요?

학생 : ㉠

① 쇼군이 나라를 이끌었어요.
② 일본 제국 헌법이 만들어졌어요.
③ 철도, 공장 등 근대적 시설이
   생겨났어요.
④ 평민이 직업을 자유롭게
   선택할 수 있게 되었어요.

8 다음 조약과 관련된 전쟁은 무엇일까요?

① 청일 전쟁
② 러일 전쟁
③ 중일 전쟁
④ 태평양 전쟁

9 다음 지도와 관련된 내용으로 옳지 <u>않은</u> 것을 고르세요.

① 미국은 히로시마와 나가사키에 원자 폭탄을 투하했어요.

② 1945년 8월 15일 일본의 무조건 항복으로 제2차 세계 대전이 끝났어요.

③ 항복 이후 일본은 약 8년간 소련의 통치를 받았어요.

④ 히로시마에 있는 히로시마 원폭 돔은 세계 문화유산으로 지정됐어요.

10 밀크T 친구들이 이야기하고 있는 사람은 누구일까요?

① 무라카미 하루키　② 오다 노부나가　③ 마쓰시타 고노스케　④ 아톰

도전 세계사 놀이 퀴즈·○✕미로 찾기

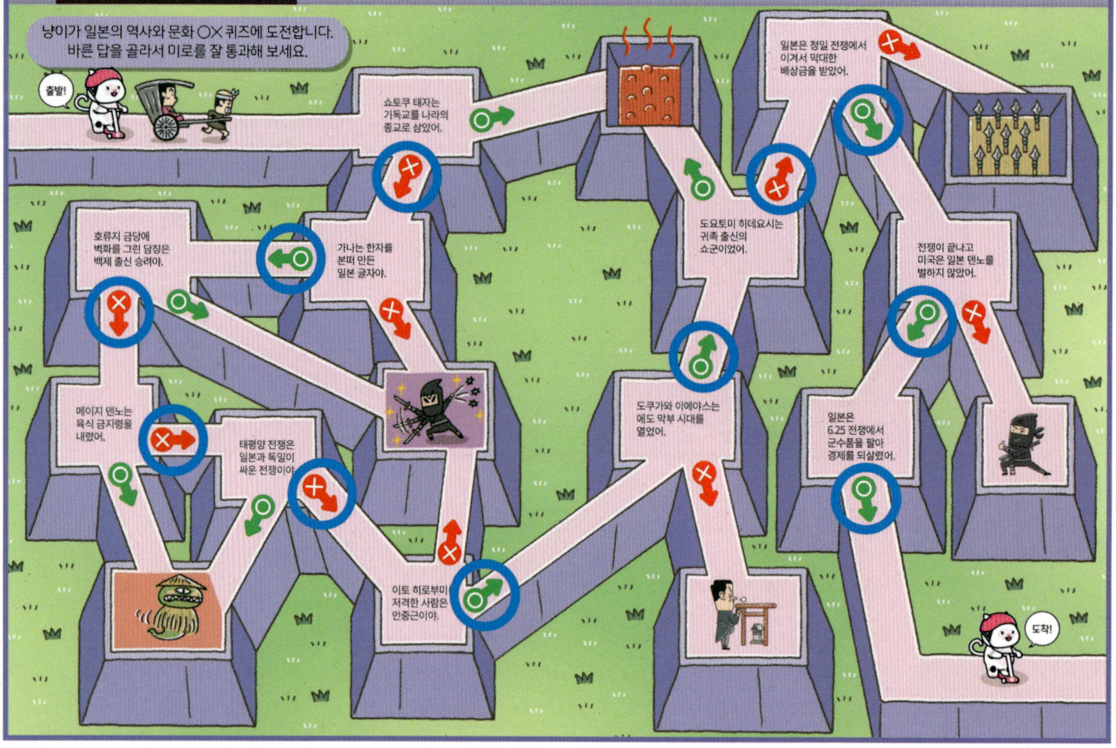

도전 세계사 놀이 퀴즈·가로세로 십자말풀이

가로 풀이

2. 빵가루를 묻힌 돼지고기를 기름에 튀긴 서양식 요리.
5. 아버지와 어머니를 아울러 이르는 말.
6. 607년에 쇼토쿠 태자의 명으로 세워진 절. 고구려 담징이 그린 벽화가 있다.
9. 미국 하와이주에 있는 만으로, 일본의 공격으로 태평양 전쟁이 시작된 곳.

세로 풀이

1. 일본의 고유 문자.
3. 에도 시대에 탄생한 일본 전통극.
4. 일본의 전통적인 씨름 경기.
6. 특별한 일이 있을 때 임시로 발행하는 신문이나 잡지.
7. 먹을 수 있는 짐승의 고기 종류.
8. 지구 내부의 지진파로 땅이 흔들리는 일.

도전 세계사 놀이 퀴즈·인물 짝짓기

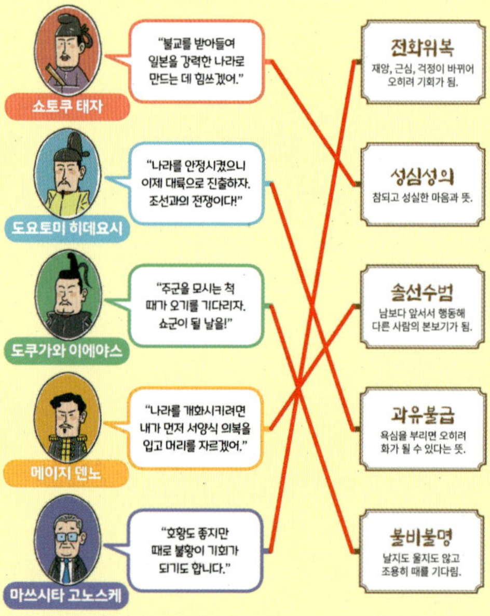

1 답 ④

지폐 속 인물은 쇼토쿠 태자이다.
그는 아스카 시대에 불교를 받아들이고, 법령을 만들어 일본을 중앙 집권 국가로 발전시켰다.

2 답 ②

임진왜란을 일으킨 인물은 도요토미 히데요시이고,
에도 막부를 연 인물은 도쿠가와 이에야스이다.

3 답 ①

《겐지모노가타리》는 헤이안 시대의 궁녀이자 작가인 무라사키 시키부가 쓴
일본 최초의 고전 소설로, 세계 문학사에서 매우 중요한 작품으로 평가받는다.

4 답 ②

호류지는 일본에서 가장 오래된 목조 건축물로, 쇼토쿠 태자가 세웠다고 전해진다.

5 답 ②

일본 막부 정권에서는 쇼군이 실질적인 지배를 했다.

6 답 **우키요에**

7 답 ①

쇼군이 나라를 이끌었던 시기는 막부 시대이고, 메이지 유신 때는 덴노의 권한이 강해졌다.

8 답 ①

1894년 청나라와의 전쟁에서 이긴 일본은 시모노세키 조약을 맺고 막대한 배상금을 챙겼다.

9 답 ③

전쟁에서 항복하고 나서 일본은 8년간 미군의 통치를 받았다.

10 답 ③

마쓰시타 고노스케는 일본에서 경영의 신으로 불린다.
그는 마쓰시타 전기 회사(현재의 파나소닉)을 세워 일본 경제를 발전시켰다.

일본

쇼토쿠 태자

기원전

| 1만 년경 | 조몬 시대 |
| 3세기경 | 야요이 시대 |

기원후

4~6세기경	야마토 정권 수립
607년	쇼토쿠 태자, 호류지 창건
630년	제1차 견당사 파견
663년	백강 전투에 군사 파견
710년	헤이조쿄 천도, 나라 시대
794년	헤이안쿄 천도, 헤이안 시대
10세기경	일본 고유 문자 '가나' 사용
1192년	가마쿠라 막부 성립
1336년	무로마치 막부 성립
1575년	오다 노부나가, 나가시노 전투 승리
1590년	도요토미 히데요시, 전국 통일
1603년	도쿠가와 이에야스, 에도 막부 수립
1635년	산킨코타이 제도 시행
1868년	메이지 시대 시작(~1912년)
1871년	이와쿠라 사절단 해외 파견
1894년	청일 전쟁 발발
1904년	러일 전쟁 발발
1931년	만주 침략
1941년	태평양 전쟁 발발
1945년	패전
1946년	평화 헌법 공포

가나로 쓰인 소설 《겐지모노가타리》

이와쿠라 사절단

세계사	한국사

세계사

기원전

- 3500년경 메소포타미아 문명 등장
- 2500년경 인더스·황허 문명 등장
- 753년 로마 건국
- 264년 포에니 전쟁

기원후

- 375년 게르만족 대이동 시작
- 395년 로마 제국, 동서로 분열
- 610년 이슬람교 창시
- 1096년 십자군 원정
- 1337년 영국–프랑스, 백 년 전쟁(~1453년)
- 1492년 콜럼버스, 아메리카 항로 발견
- 1517년 루터의 종교 개혁
- 1642년 영국, 청교도 혁명
- 1688년 영국, 명예혁명
- 1776년 미국, 독립 선언
- 1789년 프랑스, 프랑스 혁명
- 1914년 제1차 세계 대전
- 1929년 세계 대공황
- 1939년 제2차 세계 대전

한국사

기원전

- 2333년 고조선 건국
- 57년 신라 건국
- 37년 고구려 건국
- 18년 백제 건국

기원후

- 552년 백제가 일본에 불교 전파
- 698년 발해 건국
- 918년 고려 건국
- 1392년 고려 멸망, 조선 건국
- 1443년 훈민정음 창제
- 1592년 임진왜란(~1598년)
- 1866년 병인박해, 병인양요
- 1871년 신미양요
- 1876년 강화도 조약 체결
- 1897년 대한 제국 수립
- 1910년 일본에 국권 강제로 빼앗김
- 1919년 3.1 운동, 대한민국 임시 정부 수립
- 1945년 8.15 광복
- 1948년 대한민국 정부 수립

사진 출처

33 **쇼토쿠 태자** | 위키피디아

46 **호류지** | 위키피디아(CC BY-SA 4.0) ⓒNekosuki

70 **도쿠가와 이에야스** | 위키피디아

83 **산킨코타이 행렬도** | 위키피디아

84 **탕기 영감의 초상** | 위키피디아

97 **메이지 덴노** | 위키피디아 ⓒEduardo Chiossone, Maruki Riyō

114 **19세기 초 긴자 거리의 모습** | 위키피디아

120 **이토 히로부미** | 위키피디아

151 **히로시마 원폭 돔** | 위키피디아 ⓒFg2
 원자 폭탄 투하 후의 히로시마 | 위키피디아 ⓒUS government, User:W.wolny

171 **마쓰시타 고노스케** | 위키피디아

182 **맥아더와 쇼와 덴노** | 위키피디아 ⓒU.S. Army photographer Lt. Gaetano Faillace

184 **뉘른베르크 국제 군사 재판** | 위키피디아 ⓒRaymond D'Addario
 도쿄 극동 국제 군사 재판의 피고인들 | 위키피디아

190 **1만 엔 지폐의 쇼토쿠 태자** | 위키피디아

192 **호류지** | 위키피디아(CC BY-SA 4.0) ⓒNekosuki

193 **탕기 영감의 초상** | 위키피디아

198 **쇼토쿠 태자** | 위키피디아
 소설 《겐지모노가타리》 속 한 장면이 담긴 화첩 | 위키피디아 ⓒTosa Mitsuoki
 이와쿠라 사절단 | 위키피디아